GENGHIS KHAN BIOGRAPHY

成吉思汗传

中国历史名人传记

QING QING JIANG

江清清

PREFACE

I am excited to welcome you to the Chinese Biography series. In this series, we will discover lives of some of the most famous people from Chinese history. Each book will introduce a famous Chinese personality whose contributions were immense to shape China's future. The books in Biography series contain numerous lessons in Mandarin Chinese. We start with a brief introduction of the book in the preface (前言), a bit detailed introduction to the person, and continue to dig his life and relevant issues. Each book contains 6 to 10 chapters made of simple Chinese sentences. For the readers' convenience, a comprehensive vocabulary has been provided at the beginning of each chapter. The pinyin for the Chinese text is provided after the main text. Further, to enforce a deeper Chinese learning, the English interpretation of the Chinese text has been purposely excluded from the books. This would help the readers think deeply about the contents the way native Chinese do! In order to help the students of Mandarin Chinese remember important characters, words, long words, idioms, etc., these entities have been purposely repeated throughout the book, and across the books in the series. Taken together, the books in Biography series will tremendously help readers improve their Chinese reading skills.

If you have any questions, suggestions, and feedbacks, feel free to let me know in the review or comments.

You can find more about China and Chinese culture on my blog and Amazon homepage.

I blog at:

www.QuoraChinese.com

-Qing Qing

江清清

©2023 Qing Qing Jiang

All rights reserved.

MOST FAMOUS & TOP INFLUENTIAL PEOPLE IN CHINESE HISTORY

SELF-LEARN READING MANDARIN CHINESE, VOCABULARY, EASY SENTENCES, HSK ALL LEVELS

(PINYIN, SIMPLIFIED CHARACTERS)

ACKNOWLEDGMENTS

I am a blogger. It has been a long and interesting journey since I started blogging quite a few years ago.

The blogging passion enabled me to write useful contents. In particular, I have been writing about China, and its culture.

My passion in writing was supported by my friends, colleagues, and most importantly, the almighty.

I thank everyone for constantly inspiring me in my life endeavours.

CONTENTS

PREFACE 2
ACKNOWLEDGMENTS 4
CONTENTS 5
LIFE (人物生平) 8
EARLY YEARS (早年经历) 16
PARTNERS (合作伙伴) 22
BROTHERS BREAK UP (兄弟决裂) 32
BATTLE OF THE THIRTEEN WINGS (十三翼之战) 38
UNIFIED MONGOLIA (统一蒙古) 43

前言

在我看来，成吉思汗，就是一个神一般的男人。关于他的丰功伟绩，根本就多到数不清，我都不知道该从哪一个说起。成吉思汗的一生取得了无数的成就，他简直就是成功的代名词。他这一生也创下了许多世界之最，没有人能够超过他。首先一个，他创造了人类史上版图最大的帝国，亚洲，欧洲都囊括在内。由于家庭的影响和骨子里的刚强，成吉思汗进行了很多次的扩张战争，战争的规模可以说是越来越大，他这一生，不是在打仗，就是在打仗的路上，那么多次战争，他只输过一次。这也归功于成吉思汗出色杰出的军事领导才能，他在领兵打仗方面确实走着自己的一套体系。而且成吉思汗还遇到了两位贵人，虽然最后因为权力反目成仇，但是不可否认他们对成吉思汗起到了很大的帮助。你可能会想，成吉思汗是一个热衷于杀戮的人，肯定心狠手辣，其实不然。成吉思汗在创立蒙古国后，实行了民主政治的，有这样的觉悟真的十分难得。究竟是怎样的一个生活环境，能孕育出这样一个伟大的人物呢？让我们一起看下去吧。

Zài wǒ kàn lái, chéngjísīhán, jiùshì yīgè shén yībān de nánrén. Guānyú tā de fēnggōngwěijī, gēnběn jiù duō dào shǔ bù qīng, wǒ dū bù zhīdào gāi cóng nǎ yīgè shuō qǐ. Chéngjísīhán de yīshēng qǔ dé liǎo wú shǔ de chéngjiù, tā jiǎnzhí jiùshì chénggōng de dàimíngcí. Tā zhè yīshēng yě chuàngxiàle xǔduō shìjiè zhī zuì, méiyǒu rén nénggòu chāoguò tā. Shǒuxiān yīgè, tā chuàngzàole rénlèi shǐshàng bǎntú zuìdà de dìguó, yàzhōu, ōuzhōu dōu nángkuò zài nèi. Yóuyú jiātíng de yǐngxiǎng hé gǔzilǐ de gāngqiáng, chéngjísīhán jìnxíngle hěnduō cì de kuòzhāng zhànzhēng, zhànzhēng de guīmó kěyǐ shuō shì yuè lái yuè dà, tā zhè yīshēng, bùshì zài dǎzhàng, jiùshì zài dǎzhàng de lùshàng, nàme duō cì zhànzhēng, tā zhǐ shūguò yīcì. Zhè yě guīgōng yú chéngjísīhán chūsè jiéchū de jūnshì lǐngdǎo cáinéng, tā zài lǐng bīng dǎzhàng fāngmiàn quèshí zǒuzhe zìjǐ de yī tào tǐxì. Érqiě chéngjísīhán hái yù dàole liǎng wèi guìrén, suīrán zuìhòu yīnwèi quánlì fǎnmùchéngchóu, dànshì bùkě fǒurèn tāmen duì chéngjísīhán qǐ dàole hěn dà de bāngzhù. Nǐ kěnéng huì xiǎng, chéngjísīhán shì yīgè rèzhōng yú shālù de rén, kěndìng xīnhěnshǒulà, qíshí bùrán. Chéngjísīhán zài chuànglì ménggǔ guó hòu, shíxíngle mínzhǔ zhèngzhì de, yǒu zhèyàng de juéwù zhēn de shífēn nándé. Jiùjìng shì zěnyàng de yīgè shēnghuó huánjìng, néng yùnyù chū zhèyàng yīgè wěidà de rénwù ne? Ràng wǒmen yīqǐ kàn xiàqù ba.

LIFE (人物生平)

Genghis Khan (成吉思汗, 1162-1227), real name Bo Er Zhi Jin • Tiemuzhen (孛儿只斤•铁木真), was a Mongolian leader and the founder of the Mongolian Empire (蒙古帝国), also known as the Great Mongolia (大蒙古国). He was an outstanding military strategist and statesman. His reign over the Mongolian Empire stretched from 1206 to 1227.

Chinese people generally refer to Genghis Khan as Tiemuzhen.

Tiemuzhen was born in Mobei (漠北) -- North of the Gobi desert, located in the modern Khentii Aimag Province of Mongolia (今蒙古国肯特省). His place of birth was near the Onan River (斡难河), currently known as the Onon River (今鄂嫩河). Tiemuzhen belonged to Mongolian Kiyan tribe/clan (蒙古族乞颜部人). The word "Khan" is related to the pronunciation of Kiyan/Giyan (乞颜), the name of Tiemuzhen's tribal group.

Tiemuzhen's father, Ye Sugai (孛儿只斤•也速该, 1134-1170) was the leader of the Mongolian Kiyan tribe. His mother Hoelun (诃额仑, ?-1207) was from the Hongjila tribe (弘吉剌部), a nomadic herder in the estuary area of the Halaha River (哈拉哈河注). In her early years, she suffered successive marriages and kidnappings, including poisoning of her husband. In the year 1161, Ye Sugai snatched Hoelun from her husband - Mier Qiren Chiliedu (蔑儿乞人也可•赤列都), per the then tradition of *Qiang Qin* (抢亲), also known as *Qinag Hun* (抢婚), meaning "marriage by kidnapping" or "robbing the bride".

How Ye Sugai met Hoelun shows the cruelty of the Mongolian tribal leaders. As the legend has it, one day, Ye Sugai was out hunting eagles on the banks of the Onan River. Suddenly, he saw Chiliedu, a member of the Mie'erqiti tribe (蔑儿乞惕部), coming on horseback. It turned out that Chiliedu was just departing from his wife, Hoelun. In his one glance, she just captured Ye Sugai's imaginations, which was too unfortunate for the bridegroom. Ye Sugai's eyesight was indeed extraordinary, and he could see at a glance that this young woman was a rare gem. He immediately turned over and ran home, calling his elder brother Nie Kun Tai Shi (捏坤太石) and younger brother Dali Tai Orti Chi Jin (答里台斡惕赤斤). Seeing these three big men rushing like wolves and tigers, Chiliedu couldn't help but panic for a while, and hurriedly drove his horses to a nearby hill. The three brothers chased after him. After running around the hill, Chiliedu came near to the cart of his wife. Hoelun was a very intelligent woman, she said to her husband very wisely:

"How do you see the faces of the three of them? I see the colors of the three of them. The people who come here are not good, and they may harm you. Believe me, you should run for your life. But if you manage to save your life, you can marry a good and beautiful woman again...can't you? If you can get a wife again, you can name her by my name, Hoelun, so you can remember me. Run for your life!"

When Hoelun finished speaking, Chiliedu took off a coat and threw it to the bridegroom. By this time, the three of them who were following him around the mountain, came very close. As they were about to catch Chiliedu, he hurriedly mounted the horses, and quickly fled along the valley of the Onan River like a gust of wind. The three of them took a look, and they chased after Chiliedu, however, they couldn't catch up with Chiliedu, so they had to turn their horses and galloped back to the front of Hoelun's cart (chariot). Ye Sugai got Hoelun, and took her back to his yurt proudly. Along the way, he personally drove the cart with Hoelun inside. His elder brother rode the horse in front of the cart, and his younger brother walked beside to protect him. At this time, poor Hoelun cried in the cart, but all in vain.

Ye Sugai was overjoyed to win such a "trophy",

In the year 1162, when Tiemuzhen was born, Ye Sugai also captured Tiemuzhen Wuge (铁木真兀格), the leader of the Tatar tribe (塔塔儿部). In order to celebrate his victory, Ye Sugai named his eldest son "Tiemuzhen", which meant "The Real Ironwood".

In the year 1170, when Tiemuzhen was nine years old, Ye Sugai brought him to the home of a friend from the Orle Hunerti tribe (斡勒忽讷惕部) for *Qiu Qin* (求亲), to seek a marriage alliance. He betrothed Tiemuzhen to Hongjila Texuechan (弘吉剌•特薛禅) of Hongjila tribe. According to the Mongolian customs, Tiemuzhen stayed with Hongjila tribe. Leaving Tiemuzhen at their house, Ye Sugai started to return to home himself. But on the way home, he met his enemies, the Tatars, who were having a banquet. Someone recognized Ye Sugai and invited him to join the banquet. However, they poisoned his food, and Ye Sugai succumbed to death. Tiemuzhen lost his father at such an early age of 9.

After the death of Ye Sugai, the power of Kiyan forces declined, and the Kiyans defected to the Taichiwu tribe (泰赤乌部). However, Tiemuzhen, his siblings, and mother fell into a predicament.

After the Tiemuzhen's family was abandoned by the tribe, they were like orphans, and their lives became very difficult. They took shelter in the Kereit tribe (克烈部). In order to support his young kids, Hoelun put up a brave face and ran around the Onan River day and night to make a living and support the family. Tiemuzhen and his younger brothers made hooks from needles and fished in the Onan River to support their mother. Tiemuzhen's childhood was spent under such difficult circumstances.

As the founder of the huge Mongol Empire, Genghis Khan and his descendants fought in all directions, spread iron hooves all over the Eurasian continent, and conquered more than 40 countries and more than 700 ethnic groups in a short period of time. The Mongols killed countless people during the prolonged wars, and the entire expansion process was full of bloodshed. They conquered Khwarizmi (花剌子模, 1142-1231) and massacred nearly one million people (近百万), killed nearly 800,000 during the massacres in Western Xia (西夏, 1038-1227), and massacred hundreds of thousands of people after the capture of Baghdad (巴格达)!

But any killing has a starting point. How did Genghis Khan become such a brutal person? Who was the first person he killed? It was none other than his own brother. What's more, that time, Tiemuzhen was only ten years old. What did this brother do wrong?

One day, the Tiemuzhen and his brothers were fishing together. Tiemuzhen caught a golden fish, which was snatched by Buekter (孛儿只斤·别克帖儿), the half-brother of Tiemuzhen, and Belgutai (孛儿只斤·别勒古台, 1164-1256), the half younger brother of Genghis Khan. In addition, Tiemuzhen had shot a bird in the sky earlier, which was also taken away by Buekter.

Therefore, Tiemuzhen was so angry that he asked his brother to shoot Buekter to death with an arrow. The bare-handed Buekter was murdered by the young Tiemuzhen and his younger brother. Tiemuzhen's cruel behavior immediately aroused the anger of his mother. She quoted the ancient philosophical sayings and severely reprimanded him. The words and deeds taught by Hoelun to Tiemuzhen had an impact on his career all his life.

In 1189, after gathering all the tribes, he was elected as the Khan (可汗) of the Mongolian Kiyan tribe. After Temujin was elected as a Khan, he immediately established his own bodyguard and security organization.

In 1204, after a series of wars, he unified the tribes of Mongolian plateau.

In 1206, he became the emperor (皇帝/汗, Khan) and established the Great Mongolia (大蒙古国).

After the founding of the Great Mongolia, Genghis Khan took several administrative measures to govern the empire effectively. For example, the erstwhile Thousand-household System (千户制) was further promoted. It was a system of military and political integration. The entire Mongolian tribe was divided into nearly ninety-five thousand households. The households had the obligation to pay tribute to the Great Khan and participate in the war, if required. They could also participate in the military affairs. During the war, Genghis Khan could issue edicts or orders to select the heads of thousands of households to join in the war.

Another important measure by Genghis Khan was the promulgation of Da Zha Sa 《大扎撒》, also known as the Code of Genghis Khan 《成吉思汗法典》. It was the first written code of Mongolian nationality (similar to the British Magna Carta in 1215). At that time, it had the highest authority and was the fundamental law of Mongolia. After many wars with the foreign states, he occupied a large area of the Jin Dynasty (金朝, 1115-1234) in East Asia, Western Xia, Western Liao (西辽, 1124-1218) and Khwarizmi in Central Asia. In fact, the footprints of his conquest reached as far as the Black Sea coast.

In 1227, at the age of 66, Tiemuzhen died of illness on the eve of the surrender of Western Xia. Before his death, he ordered the strategy of "Unite the Song Dynasty (宋朝, 960-1279) and destroy the Jin Dynasty" (联宋灭金). The Song Dynasty and the Jin Dynasty were at odds. Tiemuzhen, out of strategic considerations, wanted to exploit the Song to easily defet the Jin.

After his death, Tiemuzhen was secretly buried in the Qi Nian Valley (起辇谷).

After the establishment of the Yuan Dynasty (元朝, 1271-1368), he was given the posthumous title Taizu (太祖).

Tiemuzhen was a highly controversial figure. Since his rise, he was regarded as a savage and cruel aggressor. In modern times, there is also a positive view that the foreign conquests and wars launched by the Mongol Empire under the leadership of Tiemuzhen and his heirs promoted the interaction among the Eurasian nations and had a profound impact on the subsequent world order. In addition, his crusade for unification of the Mongolian tribes played an important role in the formation of the Mongolian Empire. Hence, Tiemuzhen is still regarded as a national hero by the Mongolians and has become the pride of of Mongolia.

Where is "Qi Nian Valley"? Why not a single tomb of the Yuan Dynasty has been found?

Starting from Genghis Khan, the emperors of the Mongolian Empire and the Yuan Dynasty were secretly buried in the Qi Nian Valley of the Mongolian Plateau.

The location of the imperial mausoleums in the Yuan Dynasty has always been a hot topic in the archaeological community. According to the records of "Yuan History" 《元史》, most of the Yuan emperors, including Genghis Khan, were buried in a place called "Qi Nian Valley". In fact, Egypt's "Emperor Valley" (帝王谷), where Egyptian Pharaohs were buried together, means the same thing.

But what is incredible about the Mongol rulers is that such a huge group of imperial mausoleums from Yuan/Mongolian era has never been discovered. They seem to have disappeared collectively. Where is the mysterious place "Qi Nian Valley"?

This mysterious Qinian Valley does not have an accurate location.

The Yuan Dynasty imperial mausoleum was so mysterious, which was closely related to the customs and habits of "secret burial" in Mongolia.

At that time, the burial place of Mongolian Emperors was not known to ordinary people. For example, after the death of Kublai Khan (忽必烈, 1215-1294), the founder of the Yuan Dynasty, his coffin was transported from Dadu (now Beijing) to the Mobei grassland. The people who escorted the coffin back to the grassland were all Mongolian ministers, officials and relatives, and outsiders were not allowed to come close to the burial ceremony.

There seems to be no clear consensus yet regarding the location of the Qi Nian Valley. However, many research points to the Mount Burhan Khaldun (不尔罕合勒敦山). According to the Persian historian Rashid al-Din Hamadani (拉施特, 1247-1317), who compiled the "Historical Collection" 《史集》, Genghis Khan had already decided his own burial site before his death. According to Rashid's records in "Historical Collection", the Qi Nian Valley is located in Mount Burhan Khaldun. Genghis Khan and his successors, including other Mongolian Khans and the emperors of the Yuan Dynasty, were buried here.

EARLY YEARS (早年经历)

1	成吉思汗	Chéng jísīhán	Genghis Khan; Jenghiz Khan
2	幼时	Yòu shí	Childhood; infancy
3	经历	Jīnglì	Go through; undergo; experience
4	说起	Shuō qǐ	Bring up; begin talking about
5	可以说	Kěyǐ shuō	So to speak
6	小时候	Xiǎoshíhòu	In one's childhood; when one was young
7	故事	Gùshì	Story; tale; plot; old practice; routine
8	今后	Jīnhòu	From now on; in the days to come; henceforth
9	成长	Chéngzhǎng	Grow up; grow to maturity
10	巨大	Jùdà	Huge; tremendous; enormous; gigantic
11	无忧无虑	Wú yōu wú lǜ	Freedom from worry; without sorrow and anxiety
12	部落	Bùluò	Tribe
13	首领	Shǒulǐng	Chieftain; leader; head
14	尊贵	Zūnguì	Honorable; respectable
15	无比	Wúbǐ	Incomparable; matchless
16	一家人	Yījiā rén	All of the same family; one family
17	融洽	Róngqià	Harmonious; on friendly terms
18	和睦相处	Hémù xiāngchǔ	Live together in peace; live amicably with somebody
19	天有不测风云	Tiān yǒu bùcè fēngyún	A storm may arise from a clear sky; something unexpected may happen any time
20	下毒	Xià dú	To poison; kill with poison

21	乱套	Luàntào	Muddle things up; turn things upside down
22	手下	Shǒuxià	Under the leadership of; under the order of
23	反叛	Fǎnpàn	Revolt; uprising; insurrection
24	推选	Tuīxuǎn	Elect; choose
25	赶出	Gǎn chū	Drive out/away
26	艰辛	Jiānxīn	Hardships
27	野菜	Yěcài	Edible wild herbs; potherb
28	勉勉强强	Miǎn miǎnqiáng qiáng	With half a heart; unwillingly
29	填饱肚子	Tián bǎo dùzi	Fill the belly; be adequately fed
30	好吃	Hào chī	Good to eat; tasty
31	让给	Ràng gěi	Turn something over to another
32	一点点	Yī diǎndiǎn	Dust; tad; pick
33	长此以往	Chángcǐ yǐwǎng	If things go on like this; if things continue this way; persist in so doing
34	脸色蜡黄	Liǎnsè làhuáng	One's face is like wax
35	消瘦	Xiāoshòu	Become thin; emaciated; become emaciated
36	感触	Gǎnchù	Thoughts and feelings; feeling
37	暗暗	Àn'àn	Secretly; inwardly; to oneself
38	发誓	Fāshì	Vow; pledge; swear; make an oath
39	报仇雪恨	Bàochóu xuěhèn	Pay off old scores; avenge oneself and cancel out one's hatred; get even with a hated enemy; glut one's revenge
40	他们的	Tāmen de	Their; theirs
41	杀父	Shā fù	Patricide

42	仇人	Chóurén	Personal enemy; foe; enemy
43	付出代价	Fùchū dàijià	Pay a price; pay the price; pay for; Paying the Price
44	好日子	Hǎo rìzi	Auspicious day
45	长大	Zhǎng dà	Grow; grow up; be brought up
46	强壮	Qiáng zhuàng	Strong; sturdy
47	几分	Jǐ fēn	A bit; somewhat; rather
48	风范	Fēngfàn	Style; bearing; poise
49	危机感	Wéijī gǎn	Feeling of impending crisis; crisis awareness
50	当初	Dāngchū	At the beginning; originally
51	毒害	Dúhài	Poison; infect
52	对抗	Duìkàng	Antagonism; confrontation; counter
53	出于	Chū yú	Start from; proceed from; stem from; out of
54	担忧	Dānyōu	Worry; be anxious
55	当时	Dāngshí	Then; at that time
56	慌乱	Huāng luàn	Hurry and confusion; alarmed and bewildered; flurried
57	十分	Shífēn	Very; fully; utterly; extremely
58	镇定	Zhèndìng	Calm; cool; composed; unperturbed
59	合适	Héshì	Suitable; appropriate; becoming; right
60	这次	Zhè cì	This time; present; current
61	逃避	Táobì	Escape; evade; shirk
62	没有用	Méiyǒu yòng	Without effect
63	唯有	Wéi yǒu	Only if; only; alone
64	奋起	Fènqǐ	Make a vigorous start; rise vigorously; rise with force and spirit
65	反击	Fǎnjí	Strike back; beat back; counterattack

| 66 | 优胜劣汰 | Yōushèng liètài | Survival of the fittest |
| 67 | 适者生存 | Shì zhě shēngcún | Survival of the fittest |

Chinese (中文)

首先从成吉思汗的幼时经历说起，可以说成吉思汗小时候的故事对他今后的成长起到了巨大的影响。

原本成吉思汗的童年应该是无忧无虑的，因为他的父亲是部落的首领，尊贵无比，所以成吉思汗的小时候生活的还是比较优越的。而且他们一家人也相处的十分融洽，一家四口和睦相处。

但是天有不测风云，在成吉思汗九岁的时候，他的父亲就被人下毒死了。这下就乱套了，父亲的手下也纷纷反叛，推选了新的首领，还把他们母子三人赶出部落。他们母子三人过着非常艰辛的生活。

母亲经常带着他们兄弟二人挖野菜，抓鱼，才能勉勉强强填饱肚子。而且母亲总是把好吃的让给他们吃，自己只吃一点点野菜，长此以往变得脸色蜡黄，而且身体也十分消瘦，仿佛风一吹就倒了。

这让成吉思汗感触很深，他暗暗发誓，一定要报仇雪恨，让他们的杀父仇人付出代价，让母亲以后能过上好日子。

长大后的成吉思汗不负众望，身体非常强壮，也颇有几分他父亲的风范。这让其他部落的人有危机感了，当初就是因为成吉思汗的父亲太强，所以才被毒害了。如今他们开始担心成吉思汗会不会跟他们对抗呢？

出于这样的担忧，成吉思汗被抓了，当时成吉思汗才十几岁，但是成吉思汗被抓后，并没有慌乱，而是十分镇定，在寻找到合适的机会便逃了出来。

也正是因为这次经历，成吉思汗知道逃避是没有用的，唯有奋起反击，优胜劣汰，适者生存，这就是规则。

Pinyin (拼音)

Shǒuxiān cóng chéngjísīhán de yòu shí jīnglì shuō qǐ, kěyǐ shuō chéngjísīhán xiǎoshíhòu de gùshì duì tā jīnhòu de chéngzhǎng qǐ dàole jùdà de yǐngxiǎng.

Yuánběn chéngjísīhán de tóngnián yīnggāi shì wú yōu wú lǜ de, yīnwèi tā de fùqīn shì bùluò de shǒulǐng, zūnguì wúbǐ, suǒyǐ chéngjísīhán de xiǎoshíhòu shēnghuó de háishì bǐjiào yōuyuè de. Érqiě tāmen yījiā rén yě xiāngchǔ de shífēn róngqià, yījiā sì kǒu hémù xiāngchǔ.

Dànshì tiān yǒu bùcè fēngyún, zài chéngjísīhán jiǔ suì de shíhòu, tā de fùqīn jiù bèi rén xià dú sǐle. Zhè xià jiù luàntàole, fùqīn de shǒuxià yě fēnfēn fǎnpàn, tuīxuǎnle xīn de shǒulǐng, hái bǎ tāmen mǔzǐ sān rén gǎn chū bùluò. Tāmen mǔzǐ sān rénguòzhe fēicháng jiānxīn de shēnghuó.

Mǔqīn jīngcháng dàizhe tāmen xiōngdì èr rén wā yěcài, zhuā yú, cáinéng miǎn miǎnqiáng qiáng tián bǎo dùzi. Érqiě mǔqīn zǒng shì bǎ hào chī de ràng gěi tāmen chī, zìjǐ zhǐ chī yī diǎndiǎn yěcài, chángcǐyǐwǎng biàn dé liǎnsè làhuáng, érqiě shēntǐ yě shífēn xiāoshòu, fǎngfú fēng yī chuī jiù dàole.

Zhè ràng chéngjísīhán gǎnchù hěn shēn, tā àn'àn fāshì, yīdìng yào bàochóu xuěhèn, ràng tāmen de shā fù chóurén fùchū dàijià, ràng mǔqīn yǐhòu néngguò shàng hǎo rìzi.

Zhǎng dà hòu de chéngjísīhán bùfùzhòngwàng, shēntǐ fēicháng qiángzhuàng, yě pǒ yǒu jǐ fēn tā fùqīn de fēngfàn. Zhè ràng qítā bùluò de rén yǒu wéijī gǎnle, dāngchū jiùshì yīn wéi chéngjísīhán de fùqīn tài qiáng, suǒyǐ cái bèi dúhàile. Rújīn tāmen kāishǐ dānxīn chéngjísīhán huì bù huì gēn tāmen duìkàng ne?

Chū yú zhèyàng de dānyōu, chéngjísīhán bèi zhuāle, dāngshí chéngjísīhán cái shí jǐ suì, dànshì chéngjísīhán bèi zhuā hòu, bìng méiyǒu huāngluàn, ér shì shífēn zhèndìng, zài xúnzhǎo dào héshì de jīhuì biàn táole chūlái.

Yě zhèng shì yīnwèi zhè cì jīnglì, chéngjísīhán zhīdào táobì shì méiyǒu yòng de, wéi yǒu fènqǐ fǎnjí, yōushènglièdài, shì zhě shēngcún, zhè jiùshì guīzé.

PARTNERS (合作伙伴)

1	自己的	Zìjǐ de	Self
2	力量	Lìliàng	Physical strength
3	远远	Yuǎn yuǎn	Far away; distant
4	不够	Bùgòu	Not enough; insufficient
5	敌人	Dírén	Enemy; foe
6	强大	Qiángdà	Big and powerful; powerful; formidable
7	找到	Zhǎodào	Find; seek out; hit
8	忠实	Zhōngshí	True; faithful; loyal; reliable
9	合作伙伴	Hézuò huǒbàn	Partners; Partnership; Cooperation partners
10	偶然	Ǒurán	Accidental; casual; incidental
11	之下	Zhī xià	Under
12	另一个	Lìng yīgè	Another
13	部落	Bùluò	Tribe
14	少年	Shàonián	Early youth; juvenile; young person; teen-age youths
15	名叫	Míng jiào	Call; by the name of
16	建立起	Jiànlì qǐ	Establish; found; set up
17	革命	Gémìng	Revolution; revolutionary
18	友谊	Yǒuyì	Friendship
19	狩猎	Shòuliè	Hunting
20	打鱼	Dǎ yú	Fish
21	骑马	Qímǎ	Ride a horse; be on horseback
22	射箭	Shèjiàn	Shoot an arrow; archery
23	结拜	Jiébài	Become sworn brothers or sisters
24	义兄弟	Yì xiōngdì	Foster brother
25	发誓	Fāshì	Vow; pledge; swear; make an oath

26	两肋插刀	Liǎng lèi chā dāo	Help at the loss of one's life
27	义不容辞	Yìbùróngcí	A compelling obligation; act from a strong sense of duty
28	深厚	Shēnhòu	Deep; profound
29	后来	Hòulái	Afterwards; later; then
30	成为	Chéngwéi	Become; turn into; prove to be
31	首领	Shǒulǐng	Chieftain; leader; head
32	日后	Rìhòu	In the future
33	发展	Fāzhǎn	Develop; expand; grow; burgeon
34	提供	Tígōng	Provide; supply; furnish; offer
35	很大	Hěn dà	Great; very large; large
36	帮助	Bāngzhù	Help; aid; assist; assistance
37	除了	Chúle	Except
38	兄弟	Xiōngdì	Brothers; fraternal; brotherly
39	还有	Hái yǒu	There is still some left; still; furthermore; in addition
40	一个人	Yī gèrén	One
41	就是	Jiùshì	Quite right; exactly; precisely
42	他的	Tā de	His; him
43	义父	Yì fù	One's adoptive father
44	婚事	Hūnshì	Marriage; wedding
45	说起	Shuō qǐ	Bring up; begin talking about
46	婚事	Hūnshì	Marriage; wedding
47	父亲	Fùqīn	Father
48	从小	Cóngxiǎo	From childhood
49	指定	Zhǐdìng	Appoint; assign
50	也就是	Yě jiùshì	Namely; i.e.; that is
51	迎娶	Yíngqǔ	Marry
52	妻子	Qīzi	Wife; wife and children

53	当时	Dāngshí	Then; at that time
54	习俗	Xísú	Custom; convention; habitude
55	随礼	Suí lǐ	Give a present in return
56	珍贵	Zhēnguì	Valuable; precious; rare
57	去世	Qùshì	Die; pass away
58	挚友	Zhìyǒu	Intimate friend; bosom friend
59	厚礼	Hòulǐ	Lavish gifts; liberal presents
60	听说	Tīng shuō	Be told
61	遭遇	Zāoyù	Meet with; encounter
62	惋惜	Wànxí	Have pity for; sympathize with
63	收下	Shōu xià	Accept; receive
64	礼物	Lǐwù	Gift; present
65	以后	Yǐhòu	After; later on; afterwards; later
66	出于	Chū yú	Start from; proceed from
67	情义	Qíngyì	Ties of friendship; ties of comradeship
68	义子	Yì zǐ	Foster son; adopted child
69	给予	Jǐyǔ	Give; render; rendition
70	很多	Hěnduō	A lot of; a great many of
71	就这样	Jiù zhèyàng	That's it; in this way
72	一下子	Yīxià zi	One time; in a short while
73	获得	Huòdé	Acquire; gain; obtain; win
74	支持	Zhīchí	Sustain; hold out; bear; support

Chinese (中文)

成吉思汗知道单凭自己的力量是远远不够的，他的敌人远比他想的要更加强大，所以他必须找到一个忠实的合作伙伴。

在一次偶然的机会之下，成吉思汗与另一个部落的少年，名叫札木合，建立起了革命般的友谊。

他们平时一起狩猎，一起打鱼，一起骑马，一起射箭，无论干什么都一起，这两兄弟还两次结拜为义兄弟，发誓今后兄弟有难，一定两肋插刀，义不容辞，从中我们可以看出他们之间的友谊十分深厚。

而札木合后来也成为了他们部落的首领，这个人也对成吉思汗日后的发展提供了很大的帮助。

除了成吉思汗的这位好兄弟，还有很重要的一个人就是他的义父。这还得从成吉思汗的婚事说起。

成吉思汗的婚事是父亲从小就给他指定了的，所以到了适婚的年龄，也就是16岁那年，成吉思汗就迎娶了他的妻子孛儿帖。

当时还有一个习俗，就是在随礼的时候，还需要给父亲送一份很珍贵的礼物，但是因为成吉思汗的父亲已经去世了，所以成吉思汗给父亲的挚友，同时也是另一个部落的首领，我们就称他为王，送了一份厚礼。

王汗在听说了成吉思汗一家的遭遇后，觉得非常惋惜。在收下了成吉思汗的礼物以后，出于情义，还收成吉思汗为义子。

在日后，王汗也给予了成吉思汗很多帮助。就这样，成吉思汗一下子获得了两个部落的支持。

Pinyin (拼音)

Chéngjísīhán zhīdào dān píng zìjǐ de lìliàng shì yuǎn yuǎn bùgòu de, tā de dírén yuǎn bǐ tā xiǎng de yāo gèngjiā qiángdà, suǒyǐ tā bìxū zhǎodào yīgè zhōngshí de hézuò huǒbàn.

Zài yīcì ǒurán de jīhuì zhī xià, chéngjísīhán yǔ lìng yīgè bùluò de shàonián, míng jiào zhámù hé, jiànlì qǐle gémìng bān de yǒuyì.

Tāmen píngshí yīqǐ shòuliè, yīqǐ dǎ yú, yīqǐ qímǎ, yīqǐ shèjiàn, wúlùn gànshénme dōu yīqǐ, zhè liǎng xiōngdì hái liǎng cì jiébài wèi yì xiōngdì, fāshì jīnhòu xiōngdì yǒu nán, yīdìng liǎng lèi chā dāo, yìbùróngcí, cóngzhōng wǒmen kěyǐ kàn chū tāmen zhī jiān de yǒuyì shífēn shēnhòu.

Ér zhámù hé hòulái yě chéngwéile tāmen bùluò de shǒulǐng, zhège rén yě duì chéngjísīhán rìhòu de fā zhǎn tígōngle hěn dà de bāngzhù.

Chúle chéngjísīhán de zhè wèi hǎo xiōngdì, hái yǒu hěn zhòngyào de yīgè rén jiùshì tā de yì fù. Zhè hái dé cóng chéngjísīhán de hūnshì shuō qǐ.

Chéngjísīhán de hūnshì shì fùqīn cóngxiǎo jiù gěi tā zhǐdìngle de, suǒyǐ dàole shì hūn de niánlíng, yě jiùshì 16 suì nà nián, chéngjísīhán jiù yíngqǔle tā de qīzi bèi er tiē.

Dāngshí hái yǒu yīgè xísú, jiùshì zài suí lǐ de shíhòu, hái xūyào gěi fùqīn sòng yī fèn hěn zhēnguì de lǐwù, dànshì yīn wéi chéngjísīhán de fùqīn yǐjīng qùshìle, suǒyǐ chéngjísīhán gěi fùqīn de zhǐyǒu, tóngshí yěshì lìng yīgè bùluò de shǒulǐng, wǒmen jiù chēng tā wèi wáng, sòngle yī fèn hòulǐ.

Wáng hàn zài tīng shuōle chéngjísīhán yījiā de zāoyù hòu, juédé fēicháng wànxí. Zài shōu xiàle chéngjísīhán de lǐwù yǐhòu, chū yú qíngyì, hái shōu chéngjísīhán wèi yì zǐ.

Zài rìhòu, wáng hàn yě jǐyǔle chéngjísīhán hěnduō bāngzhù. Jiù zhèyàng, chéngjísīhán yīxià zi huòdéle liǎng gè bùluò de zhīchí.

FIRST WAR (首次参战)

1	成立	Chénglì	Found; establish; set up
2	自己的	Zìjǐ de	Self
3	家庭	Jiātíng	Family; household; home
4	下来	Xiàlái	Come down; come from a higher place
5	强烈	Qiángliè	Strong; intense; violent; strongly
6	对外扩张	Duìwài kuòzhāng	External expansion; foreign aggrandizement
7	顶多	Dǐng duō	At most; at best
8	收复	Shōufù	Recover; recapture; resume; retrieve
9	部落	Bùluò	Tribe
10	突发	Tú fā	Burst out or occur suddenly
11	妻子	Qīzi	Wife; wife and children
12	抢走	Qiǎng zǒu	Loot; rap
13	对方	Duìfāng	The other side; the other party; the opposite side
14	一个人	Yīgè rén	One
15	想到	Xiǎngdào	Think of; call to mind; have at heart
16	兄弟	Xiōngdì	Brothers; fraternal; brotherly
17	义父	Yì fù	One's adoptive father
18	找到了	Zhǎodàole	Eureka; Found; find
19	事情	Shìqíng	Affair; matter; thing; business
20	以后	Yǐhòu	After; later on; afterwards;

			later
21	特别	Tèbié	Special; unusual; particular; out of the ordinary
22	愤怒	Fènnù	Indignation; anger; wrath; rage
23	决定	Juédìng	Decide; resolve; make up one's mind; decision
24	出兵	Chūbīng	Dispatch troops; march army for battle; send an army into battle
25	讨伐	Tǎofá	Send armed forces to suppress
26	不仅如此	Bùjǐn rúcǐ	Not only that; nor is this all
27	送信	Sòngxìn	Send word
28	他的	Tā de	His; him
29	知道了	Zhīdàole	Got it; I see
30	十分	Shífēn	Very; fully; utterly; extremely
31	打抱不平	Dǎbào bùpíng	Defend somebody against an injustice
32	怎么	Zěnme	How
33	见死不救	Jiàn sǐ bù jiù	Do nothing to save somebody from ruin
34	打算	Dǎsuàn	Intend; plan; think; mean
35	敌人	Dírén	Enemy; foe
36	带兵	Dài bīng	Head troops
37	他们的	Tāmen de	Their; theirs
38	共同努力	Gòngtóng nǔlì	In a common effort; joint efforts
39	战利品	Zhàn lìpǐn	Spoils of war; captured equipment; war trophies
40	可以说	Kěyǐ shuō	It is not too much to say

41	漂亮	Piàoliang	Pretty; beautiful
42	战争	Zhànzhēng	War; warfare
43	使得	Shǐdé	Can be used; usable
44	明白	Míngbái	Clear; obvious; plain
45	力量	Lìliàng	Physical strength
46	重要性	Zhòngyào xìng	Importance; significance
47	于是	Yúshì	Thereupon; hence
48	下定决心	Xiàdìng juéxīn	Be determined; come to scratch
49	变得	Biàn dé	Become; get; grow
50	强大	Qiángdà	Big and powerful; powerful; formidable

Chinese (中文)

这个时候的成吉思汗，成立了自己的家庭，也稳定下来了，所以并没有想那么强烈的对外扩张，顶多只是想收复部落。

但是这个时候，一件突发的事情发生了。成吉思汗的妻子被人抢走了，而且对方是有备而来，仅靠成吉思汗一个人肯定是抢不回来的，所以这个时候的成吉思汗想到了他的好兄弟和义父。

所以成吉思汗先是找到了他的义父，跟他义父说了这件事情，他义父听了以后也是特别的愤怒，决定出兵讨伐。

不仅如此，成吉思汗还送信给他的好兄弟，札木合。他的好兄弟知道了也是十分的为他打抱不平，兄弟有难，怎么可能见死不救。

于是他们组建了一支四万多人的军队，打算讨伐敌人，札木合为带兵。成吉思汗也参加了这一场战争，也是他的初体验。在他们的共同努力下，躲回了成吉思汗的妻子，而且他们还获得了许多战利品，可以说这一仗打的很漂亮。

但也正是这一场战争，使得成吉思汗明白军队和力量的重要性。于是他下定决心，要使自己不断的变得更加强大。

Pinyin (拼音)

Zhège shíhòu de chéngjísīhán, chénglìle zìjǐ de jiātíng, yě wěndìng xiàláile, suǒyǐ bìng méiyǒu xiǎng nàme qiángliè de duìwài kuòzhāng, dǐng duō zhǐshì xiǎng shōufù bùluò.

Dànshì zhège shíhòu, yī jiàn tú fā de shìqíng fāshēngle. Chéngjísīhán de qīzi bèi rén qiǎng zǒule, érqiě duìfāng shì yǒu bèi ér lái, jǐn kào chéngjísīhán yīgè rén kěndìng shì qiǎng bù huílái de, suǒyǐ zhège shíhòu de chéngjísīhán xiǎngdàole tā de hǎo xiōngdì hé yì fù.

Suǒyǐ chéngjísīhán xiānshi zhǎodàole tā de yì fù, gēn tā yì fù shuōle zhè jiàn shìqíng, tā yì fù tīngle yǐhòu yěshì tèbié de fènnù, juédìng chūbīng tǎofá.

Bùjǐn rúcǐ, chéngjísīhán hái sòngxìn gěi tā de hǎo xiōngdì, zhámù hé. Tā de hǎo xiōngdì zhīdàole yěshì shífēn de wèi tā dǎbàobùpíng, xiōngdì yǒu nán, zěnme kěnéng jiàn sǐ bù jiù.

Yúshì tāmen zǔjiànle yī zhī sì wàn duō rén de jūnduì, dǎsuàn tǎofá dírén, zhámù hé wèi dài bīng. Chéngjísīhán yě cānjiāle zhè yī chǎng zhànzhēng, yěshì tā de chū tǐyàn. Zài tāmen de gòngtóng nǔlì xià, duǒ huíle chéngjísīhán de qīzi, érqiě tāmen hái huòdéle xǔduō zhànlìpǐn, kěyǐ shuō zhè yī zhàng dǎ di hěn piàoliang.

Dàn yě zhèng shì zhè yī chǎng zhànzhēng, shǐdé chéngjísīhán míngbái jūnduì hé lìliàng de zhòngyào xìng. Yúshì tā xiàdìng juéxīn, yào shǐ zìjǐ bùduàn de biàn dé gèngjiā qiángdà.

BROTHERS BREAK UP (兄弟决裂)

1	在当时	Zài dāngshí	At that time; in those days; at the time
2	蒙古	Ménggǔ	Mongolia
3	大势所趋	Dàshì suǒqū	Represent the general trend; an irresistible trend
4	出于	Chū yú	Start from; proceed from; stem from; out of
5	迟迟	Chí chí	Slow; tardy
6	各个	Gège	Each; every; various
7	部落	Bùluò	Tribe
8	分散	Fēnsàn	Disperse; scatter; decentralize; scattering
9	各自	Gèzì	Each; by oneself; respective
10	抗衡	Kànghéng	Act as a counterweight to; match
11	有一些	Yǒu yīxiē	Some; rather
12	好比	Hǎobǐ	Can be compared to; may be likened to; be just like
13	蒙古人	Ménggǔ rén	Mongol
14	威望	Wēiwàng	Prestige
15	战绩	Zhànjì	Military exploits; combat gains
16	战果	Zhànguǒ	Results of battle; combat success; victory
17	还不错	Hái bùcuò	Not bad; so-so
18	为自己	Wèi zìjǐ	For oneself; for himself; for myself
19	树立	Shùlì	Set up; establish; build
20	高大	Gāodà	Tall and big; tall; lofty; high and noble

21	背后	Bèihòu	Behind; at the back; in the rear
22	父亲	Fùqīn	Father
23	支持	Zhīchí	Sustain; hold out; bear; support
24	帮助	Bāngzhù	Help; aid; assist; assistance
25	发展	Fāzhǎn	Develop; expand; grow; burgeon
26	越来越好	Yuè lái yuè hǎo	Become better and better
27	形成	Xíngchéng	Form; take shape
28	自己	Zìjǐ	Oneself; of one's own side
29	中心	Zhōngxīn	Centre; centrality; kernel
30	军事力量	Jūnshì lìliàng	Military force; military strength
31	慢慢	Màn man	Slowly; leisurely; gradually
32	越来越	Yuè lái yuè	More and more
33	忌惮	Jìdàn	Dread; fear; scruple
34	野心	Yěxīn	Wild ambition
35	越来越大	Yuè lái yuè dà	Bigger and bigger; louder and louder; larger
36	原本	Yuán běn	Original manuscript; master copy
37	当做	Dàng zuò	Treat as; regard as; look upon as
38	落魄	Luòpò	In dire straits; down and out
39	壮大	Zhuàngdà	Strengthen; expand
40	当初	Dāngchū	At the beginning; originally; at the outset; in the first place
41	无能	Wúnéng	Incompetent; incapable
42	少年	Shàonián	Early youth; juvenile; young person; teen-age youths
43	虽然	Suīrán	Though; although
44	言明	Yánmíng	State explicitly
45	表现	Biǎoxiàn	Expression; representation;

			manifestation; show
46	明显	Míngxiǎn	Clear; obvious; evident; sharp
47	有一次	Yǒu yīcì	Once; on one occasion
48	并驾齐驱	Bìngjià qíqū	Racing together bridle to bridle
49	突然	Túrán	Sudden; abrupt; unexpected; suddenly
50	一句话	Yījù huà	In a word; in short
51	靠山	Kàoshān	Prop; backer; patron; backing
52	扎营	Zháyíng	Pitch a tent or camp; encamp
53	住在	Zhù zài	Live in; live at; dwell
54	营帐	Yíng zhàng	Tent
55	牧羊人	Mùyáng rén	Shepherd; sheep man
56	饮食	Yǐnshí	Food and drink; diet
57	方便	Fāngbiàn	Convenient; handy; go to the lavatory
58	其实	Qíshí	Actually; in fact; as a matter of fact; really
59	深意	Shēnyì	Profound meaning
60	指的是	Zhǐ de shì	Mean; refer
61	放羊	Fàng yáng	Herd sheep; let things drift
62	依靠	Yīkào	Rely on; depend on
63	力量	Lìliàng	Physical strength
64	老老实实	Lǎo lǎoshí shí	Play no tricks; honestly and sincerely
65	依附	Yīfù	Depend on; attach oneself to
66	聪明人	Cōng míng rén	A smart person, a man of brains
67	不会	Bù huì	Will not; not likely; incapable

68	意思	Yìsi	Meaning; idea
69	于是	Yúshì	Thereupon; hence; consequently; as a result
70	离开	Líkāi	Leave; depart from
71	再见	Zàijiàn	Goodbye; see you
72	竞争对手	Jìngzhēng duìshǒu	Competitor

Chinese (中文)

在当时的大环境下，蒙古的统一已经是大势所趋了。但是出于很多原因，蒙古迟迟没有统一，各个部落分散，并且各自抗衡。

但还是有一些比较突出的人物，就好比札木合，他在蒙古人当中的威望还是挺高的，因为札木合之前有打过挺多战争，而且战绩战果都还不错，成功为自己树立起了高大威猛，骁勇善战的形象。

而札木合背后也有他父亲的支持，在他父亲的帮助下，札木合也是发展的越来越好，也形成了以自己为中心的一支军事力量。

但是慢慢的，札木合确越来越忌惮成吉思汗的发展了，他也看出来成吉思汗的野心越来越大了。原本札木合只是把成吉思汗当做一个落魄的兄弟，如今看到成吉思汗的力量发展的越来越壮大，再也不是当初那个无能的少年了。虽然札木合没有直接言明，但是已经表现得非常明显了。

有一次，札木合和成吉思汗并驾齐驱的时候，突然，札木合对成吉思汗说了这样的一句话，"我们靠山扎营，为的是牧马人可以住在营帐里，我们依水而居，则是为了牧羊人饮食更加方便。"

这句话其实另有深意，这里的牧马人其实指的是札木合，而牧羊人指的则是成吉思汗。这里札木合在说成吉思汗只是个放羊娃，还是得依靠札木合的力量，所以老老实实依附他就好了。

成吉思汗也是个聪明人，不会听不出札木合话里的意思。于是成吉思汗离开了札木合，再见已是竞争对手了。

Pinyin (拼音)

Zài dāngshí de dà huánjìng xià, ménggǔ de tǒngyī yǐjīng shì dàshìsuǒqūle. Dànshì chū yú hěnduō yuányīn, ménggǔ chí chí méiyǒu tǒngyī, gège bùluò fēnsàn, bìngqiě gèzì kànghéng.

Dàn háishì yǒu yīxiē bǐjiào túchū de rénwù, jiù hǎobǐ zhámù hé, tā zài ménggǔ rén dāngzhōng de wēiwàng háishì tǐng gāo de, yīnwèi zhámù hé zhīqián yǒu dǎguò tǐng duō zhànzhēng, érqiě zhànjì zhànguǒ dōu hái bùcuò, chénggōng wèi zìjǐ shùlì qǐle gāodà wēi měng, xiāoyǒng shànzhàn de xíngxiàng.

Ér zhámù hé bèihòu yěyǒu tā fùqīn de zhīchí, zài tā fùqīn de bāngzhù xià, zhámù hé yěshì fāzhǎn de yuè lái yuè hǎo, yě xíngchéngle yǐ zìjǐ wéi zhōngxīn de yī zhī jūnshì lìliàng.

Dànshì màn man de, zhámù hé què yuè lái yuè jìdàn chéngjísīhán de fǎ zhǎn le, tā yě kàn chūlái chéngjísīhán de yěxīn yuè lái yuè dàle. Yuánběn zhámù hé zhǐshì bǎ chéngjísīhán dàngzuò yīgè luòpò de xiōngdì, rújīn kàn dào chéngjísīhán de lìliàng fāzhǎn de yuè lái yuè zhuàngdà, zài yě bùshì dāngchū nàgè wúnéng de shàoniánle. Suīrán zhámù hé méiyǒu zhíjiē yánmíng, dànshì yǐjīng biǎoxiàn dé fēicháng míngxiǎnle.

Yǒu yīcì, zhámù hé hé chéngjísīhán bìngjiàqíqū de shíhòu, túrán, zhámù hé duì chéngjísīhán shuōle zhèyàng de yījù huà,"wǒmen kàoshān zháyíng, wèi de shì mùmǎrén kěyǐ zhù zài yíngzhàng lǐ, wǒmen yī shuǐ ér jū, zé shì wèile mùyáng rén yǐnshí gèngjiā fāngbiàn."

Zhè jù huà qíshí lìng yǒu shēnyì, zhèlǐ de mùmǎrén qíshí zhǐ de shì zhámù hé, ér mùyáng rén zhǐ de zé shì chéngjísīhán. Zhèlǐ zhámù hé zài shuō chéngjísīhán zhǐshì gè fàngyáng wá, háishì dé yīkào zhámù hé de lìliàng, suǒyǐ lǎo lǎoshí shí yīfù tā jiù hǎole.

Chéngjísīhán yěshì gè cōngmíng rén, bù huì tīng bù chū zhámù hé huà li de yìsi. Yúshì chéngjísīhán líkāile zhámù hé, zàijiàn yǐ shì jìngzhēng duìshǒule.

BATTLE OF THE THIRTEEN WINGS (十三翼之战)

1	后人	Hòu rén	Later generations; futurity
2	战神	Zhànshén	God of war
3	事实	Shìshí	Fact
4	确实	Quèshí	True; reliable
5	如此	Rúcǐ	So; such; in this way; like that
6	战败	Zhànbài	Suffer a defeat
7	经历	Jīnglì	Go through; undergo; experience
8	那就是	Nà jiùshì	That is
9	十三	Shísān	Thirteen; baker's dozen
10	本来	Běnlái	Original
11	一开始	Yī kāishǐ	In the outset
12	力量	Lìliàng	Physical strength
13	足以	Zúyǐ	Enough; sufficient
14	抗衡	Kànghéng	Act as a counterweight to; match; compete
15	心存芥蒂	Xīn cún jièdì	Nurse a grievance; have a grudge against
16	于是	Yúshì	Thereupon; hence
17	借口	Jièkǒu	Use as an excuse
18	攻打	Gōngdǎ	Attack
19	左右	Zuǒyòu	The left and right sides
20	分成	Fēn chéng	Divide into; separate into
21	人马	Rén mǎ	Forces; troops
22	方位	Fāngwèi	Position; bearing; direction; points of the compass
23	势力范围	Shìlì fànwéi	Sphere of influence; zone of influence
24	攻击	Gōngjí	Attack; assault

25	战争	Zhànzhēng	War; warfare
26	被称为	Bèi chēng wèi	Known as; be known as; be called
27	惨败	Cǎnbài	Crushing defeat
28	告终	Gàozhōng	Come to an end; end up; conclude
29	不仅如此	Bùjǐn rúcǐ	Not only that
30	报复	Bàofù	Make reprisals; take vengeance on; retaliate; revenge
31	残忍	Cánrěn	Cruel; ruthless; merciless; brutality
32	地步	Dìbù	Condition; plight; situation; state
33	俘虏	Fúlǔ	Capture; take prisoner
34	活活	Huóhuó	While still alive; alive; live; living
35	馒头	Mántou	Steamed bun; steamed bread
36	眼睛	Yǎnjīng	Eyes
37	一下	Yīxià	One time; once
38	丝毫	Sīháo	The slightest amount or degree; a bit
39	人命	Rénmìng	Human life
40	眼里	Yǎn lǐ	Within one's vision; in one's eyes
41	挑衅	Tiǎoxìn	Provoke; defiance
42	宣示	Xuānshì	Declare; announce
43	主权	Zhǔquán	Sovereign rights; sovereignty
44	体现	Tǐxiàn	Embody; incarnate; reflect; give expression to
45	尽管	Jǐnguǎn	Despite; not hesitate to
46	战俘	Zhànfú	Prisoner of war
47	感到	Gǎndào	Feel; enter; sense
48	胆战心惊	Dǎnzhàn xīnjīng	Tremble with fear
49	反而	Fǎn'ér	On the contrary; instead; but

50	更加	Gèngjiā	To a higher degree; still further; still more
51	同情	Tóngqíng	Sympathy; pity; sympathize
52	当中	Dāngzhōng	In the middle
53	就此	Jiùcǐ	At this point; here and now; thus
54	放弃	Fàngqì	Give up; abandon
55	一生	Yīshēng	A lifetime; all one's life; throughout one's life
56	一帆风顺	Yīfān fēngshùn	Have a favorable wind all the way; smooth voyage
57	这次	Zhè cì	This time; present; current
58	打击	Dǎjí	Strike; attack; crack down; hit
59	打败	Dǎbài	Defeat; beat; worst
60	养精蓄锐	Yǎng jīng xù ruì	Recuperate and build up energy; build strength
61	重新	Chóngxīn	Again; anew; afresh
62	壮大	Zhuàngdà	Strengthen; expand
63	自己的	Zìjǐ de	Self
64	终于	Zhōngyú	At last; in the end; finally; eventually
65	十一	Shíyī	Eleven

Chinese (中文)

后人都只知道成吉思汗是战神，事实也确实是如此，但他有过一次战败的经历，那就是十三翼之战。

本来一开始的时候，成吉思汗的力量还不足以和札木合抗衡，但是札木合还是心存芥蒂。于是札木合找了个借口，攻打成吉思汗。

札木合带了三万人左右，但是分成了十三对人马，分别从不同的方位对成吉思汗的势力范围进行攻击，所以这场战争被称为十三翼之战。

这场战争最后以成吉思汗惨败而告终。不仅如此，札木合还对成吉思汗进行了疯狂的报复。那他残忍到哪种地步呢？札木合将俘虏的男性活活蒸死，就像蒸馒头那般，连眼睛都不眨一下，丝毫不把这些人命放在眼里。这是札木合对成吉思汗的挑衅，也是宣示主权的一种体现吧。

但尽管札木合赢得了这场战争，但他处理战俘的方式太残忍了，这让人们感到胆战心惊，所以人们反而更加同情成吉思汗。

处于逆境当中的成吉思汗并没有就此放弃，而且越挫越勇。他这一生就没有一帆风顺过，这次的打击同样也不能打败他。

成吉思汗养精蓄锐，重新壮大自己的力量。终于在十三翼之战的十一年后，成吉思汗打败了札木合，一雪前耻。

Pinyin (拼音)

Hòu rén dōu zhǐ zhīdào chéngjísīhán shì zhànshén, shìshí yě quèshí shì rúcǐ, dàn tā yǒuguò yīcì zhànbài de jīnglì, nà jiùshì shísān yì zhī zhàn.

Běnlái yī kāishǐ de shíhòu, chéngjísīhán de lìliàng hái bùzú yǐ hé zhámù hé kànghéng, dànshì zhámù hé háishì xīn cún jièdì. Yúshì zhámù hé zhǎole gè jièkǒu, gōngdǎ chéngjísīhán.

Zhámù hé dàile sān wàn rén zuǒyòu, dànshì fēnchéngle shísān duì rénmǎ, fēnbié cóng bùtóng de fāngwèi duì chéngjísīhán de shìlì fànwéi jìnxíng gōngjí, suǒyǐ zhè chǎng zhànzhēng bèi chēng wèi shísān yì zhī zhàn.

Zhè chǎng zhànzhēng zuìhòu yǐ chéngjísīhán cǎnbài ér gàozhōng. Bùjǐn rúcǐ, zhámù hé hái duì chéngjísīhán jìnxíngle fēngkuáng de bàofù. Nà tā cánrěn dào nǎ zhòng dìbù ne? Zhámù hé jiāng fúlǔ de nánxìng huóhuó zhēng sǐ, jiù xiàng zhēng mántou nà bān, lián yǎnjīng dōu bù zhǎ yīxià, sīháo bù bǎ zhèxiē rénmìng fàng zài yǎn lǐ. Zhè shì zhámù hé duì chéngjísīhán de tiǎoxìn, yěshì xuānshì zhǔquán de yī zhǒng tǐxiàn ba.

Dàn jǐnguǎn zhámù hé yíngdéle zhè chǎng zhànzhēng, dàn tā chǔlǐ zhànfú de fāngshì tài cánrěnle, zhè ràng rénmen gǎndào dǎnzhànxīnjīng, suǒyǐ rénmen fǎn'ér gèngjiā tóngqíng chéngjísīhán.

Chǔyú nìjìng dāngzhōng de chéngjísīhán bìng méiyǒu jiùcǐ fàngqì, érqiě yuè cuò yuè yǒng. Tā zhè yīshēng jiù méiyǒu yīfānfēngshùnguò, zhè cì de dǎjí tóngyàng yě bùnéng dǎbài tā.

Chéngjísīhán yǎng jīng xù ruì, chóngxīn zhuàngdà zìjǐ de lìliàng. Zhōngyú zài shísān yì zhī zhàn de shíyī nián hòu, chéngjísīhán dǎbàile zhámù hé, yī xuě qián chǐ.

UNIFIED MONGOLIA (统一蒙古)

1	同样	Tóngyàng	Same; equal; similar
2	故事	Gùshì	Story; tale; plot
3	发生在	Fāshēng zài	Happen to; occur to
4	义父	Yì fù	One's adoptive father
5	还是	Háishì	Still; nevertheless; all the same
6	老话	Lǎohuà	The old saying; adage
7	永远	Yǒngyuǎn	Always; forever
8	只有	Zhǐyǒu	Only; alone
9	利益	Lìyì	Interest; gain; benefit; profit
10	蒙古	Ménggǔ	Mongolia
11	蒙古国	Ménggǔ guó	Mongolia
12	不断地	Bùduàn de	End-to-end; steadily; together
13	征战	Zhēngzhàn	Go on an expedition
14	里海	Lǐhǎi	Caspian sea
15	自己的	Zìjǐ de	Self
16	版图	Bǎntú	Domain; territory
17	名号	Míng hào	Name; title; fame
18	闻风丧胆	Wénfēng sàngdǎn	Tremble with fear on hearing of
19	成立	Chénglì	Found; establish; set up
20	帝国	Dìguó	Empire
21	之后	Zhīhòu	Later; after; afterwards
22	内部	Nèibù	Interior; inside; inward; indoor
23	民主	Mínzhǔ	Democracy; democratic rights; democratic
24	政治	Zhèngzhì	Politics; political affairs
25	井井有条	Jǐngjǐng yǒutiáo	Be arranged in good order; in an orderly manner

26	当之无愧	Dāngzhī wúkuì	Fully deserve; merit the reward
27	毛泽东	Máozé dōng	Mao Zedong, a founder of the People's Republic of China
28	伟人	Wěirén	A great man; a great personage
29	天骄	Tiānjiāo	Proud son of heaven
30	厉害	Lìhài	Severe; sharp; cruel; fierce
31	一个人	Yīgè rén	One
32	有名	Yǒumíng	Well-known; famous; celebrated
33	在世界范围内	Zài shìjiè fànwéi nèi	Worldwide
34	知名度	Zhīmíng dù	Popularity; renown
35	非常高	Fēicháng gāo	Very high
36	那就是	Nà jiùshì	That is
37	法则	Fǎzé	Rule; law
38	无数	Wúshù	Innumerable; countless
39	征服	Zhēngfú	Conquer; subjugate
40	疆土	Jiāngtǔ	Territory
41	战神	Zhànshén	God of war
42	中国	Zhōngguó	China
43	达到	Dádào	Achieve; attain; reach
44	最大	Zuìdà	Maximum
45	疆域	Jiāngyù	Territory; domain
46	横跨	Héng kuà	Stretch over; stretch across
47	得益于	Dé yì yú	Get benefit from; profit from
48	历经	Lìjīng	Experience; go through
49	这么多	Zhème duō	So many; so much; thus much
50	磨难	Mónàn	Fire; tribulation; hardship
51	远大	Yuǎndà	Long-range; broad; ambitious
52	抱负	Bàofù	Aspiration; ambition; lofty aim
53	难事	Nánshì	Difficulty; a hard nut to crack

| 54 | 只怕 | Zhǐ pà | Be afraid of only one thing |
| 55 | 有心人 | Yǒuxīnrén | An observant and conscientious person |

Chinese (中文)

同样的故事也发生在了成吉思汗和他的义父身上，还是应了那句老话，没有永远的朋友，只有永远的利益。

最后成吉思汗统一了各个部落，一手打造了庞大的蒙古帝国。在成吉思汗创立了蒙古国后，仍然在不断地对外征战，一路打到里海附近，扩张自己的版图，成吉思汗的名号让欧洲国家都闻风丧胆。

而且成吉思汗在成立了蒙古帝国之后，还对内部实施了非常民主的政治，管理的井井有条，当之无愧是一个大帝国。

像毛泽东这样的伟人，都评价成吉思汗是一代天骄，可见成吉思汗是多么厉害的一个人了。而且成吉思汗不仅仅在中国很有名，在世界范围内也是知名度非常高的，凭借他出色的军事能力。

在成吉思汗的那个年代，那就是胜者为王，败者为寇，这就是唯一的生存法则。成吉思汗的一生，打了无数的仗，征服了许多大大小小的国家，不断的开拓自己的疆土，这就是一代战神。

也就是在成吉思汗这一代，中国的版图达到了史上最大，疆域横跨亚陆欧，妥妥的一个大帝国，这都要得益于成吉思汗。

成吉思汗在历经了这么多磨难，最后实现了自己的远大抱负。从中我们可以明白，世上无难事，只怕有心人，成吉思汗值得拥有他所拥有的一切。

Pinyin (拼音)

Tóngyàng de gùshì yě fāshēng zàile chéngjísīhán hé tā de yì fù shēnshang, háishì yīngle nà jù lǎohuà, méiyǒu yǒngyuǎn de péngyǒu, zhǐyǒu yǒngyuǎn de lìyì.

Zuìhòu chéngjísīhán tǒngyīliǎo gège bùluò, yīshǒu dǎzàole pángdà de ménggǔ dìguó. Zài chéngjísīhán chuànglìle ménggǔ guó hòu, réngrán zài bùduàn dì duìwài zhēngzhàn, yīlù dǎ dào lǐhǎi fùjìn, kuòzhāng zìjǐ de bǎntú, chéngjísīhán de míng hào ràng ōuzhōu guójiā dōu wénfēngsàngdǎn.

Érqiě chéngjísīhán zài chénglìle ménggǔ dìguó zhīhòu, hái duì nèibù shíshīle fēicháng mínzhǔ de zhèngzhì, guǎnlǐ de jǐngjǐngyǒutiáo, dāngzhīwúkuì shì yīgè dà dìguó.

Xiàng máozédōng zhèyàng de wěirén, dōu píngjià chéngjísīhán shì yīdài tiānjiāo, kějiàn chéngjísīhán shì duōme lìhài de yīgè rénle. Érqiě chéngjísīhán bùjǐn jǐn zài zhōngguó hěn yǒumíng, zài shìjiè fànwéi nèi yěshì zhīmíngdù fēicháng gāo de, píngjiè tā chūsè de jūnshì nénglì.

Zài chéngjísīhán dì nàgè niándài, nà jiùshì shèng zhě wéi wáng, bài zhě wéi kòu, zhè jiùshì wéiyī de shēngcún fǎzé. Chéngjísīhán de yīshēng, dǎ liǎo wú shǔ de zhàng, zhēngfúle xǔduō dà dàxiǎo xiǎo de guójiā, bùduàn de kāità zìjǐ de jiāngtǔ, zhè jiùshì yīdài zhànshén.

Yě jiùshì zài chéngjísīhán zhè yīdài, zhōngguó de bǎntú dádàole shǐshàng zuìdà, jiāngyù héng kuà yà lù ōu, tuǒ tuǒ de yīgè dà dìguó, zhè dōu yào dé yì yú chéngjísīhán.

Chéngjísīhán zài lìjīngle zhème duō mónàn, zuìhòu shíxiànle zìjǐ de yuǎndà bàofù. Cóngzhōng wǒmen kěyǐ míngbái, shìshàng wú nánshì, zhǐ pà yǒuxīnrén, chéngjísīhán zhídé yǒngyǒu tāsuǒ yǒngyǒu de yīqiè.

www.QuoraChinese.com

www.ingramcontent.com/pod-product-compliance
Lightning Source LLC
LaVergne TN
LVHW081510060526
838201LV00056BA/3026